BOEKANALYSE

AF131992

Germinal

· · · · · · · · · · · · · · · · · · ·

ÉMILE ZOLA

BOEKANALYSE

Geschreven door Hadrien Seret
Vertaald door Nikki Claes

Germinal

ÉMILE ZOLA

ÉMILE ZOLA

FRANS SCHRIJVER EN JOURNALIST

- **Geboren in Parijs in 1840.**
- **Overleden in Parijs in 1902.**
- **Opmerkelijke werken:**
    - *Nana* (1880), roman
    - *The Ladies' Paradise* (1883), roman
    - *Germinal* (1885), roman

Émile Zola werd geboren in 1840 en is een van de meest gevierde romanschrijvers van het Frankrijk van de 19e eeuw. Hij stierf in 1902, en staat bekend als de leidende figuur van het naturalisme, een literaire stroming die ernaar streefde de laatste wetenschappelijke vernieuwingen van die tijd te incorporeren. In zijn romans introduceert Zola een hypothese die is gebaseerd op waarnemingen uit het echte leven en toetst deze vervolgens door middel van experimenten. Deze esthetiek wordt geïllustreerd door de romancyclus *Rougon-Macquart*. Deze reeks van 20 boeken was Zola's belangrijkste literaire productie, en was enorm succesvol ondanks de vele tegenstanders.

Zola is ook beroemd om zijn politieke standpunten, die vaak tot represailles tegen hem leidden. Het bekendste van deze incidenten was zijn veroordeling van de Dreyfus-affaire, toen Zola een openbare brief schreef onder de titel *J'accuse…!* ("I accuse", 1898) die er in belangrijke mate toe bijdroeg dat de zaak werd opgelost en kapitein Dreyfus werd vrijgesproken van de tegen hem ingebrachte beschuldigingen.

GERMINAL

DE OPKOMST VAN HET SOCIALISME TIJDENS DE OPKOMST VAN HET KAPITALISME

- **Genre:** roman

- **Referentie uitgave:** Zola, É. (1998) *Germinal*. Trans. Collier, P. Oxford: Oxford University Press.

- **1e druk:** 1885

- **Thema's:** mijnbouw, werk, liefde, geweld, vriendschap, hoop, dood, socialisme, arbeidsomstandigheden

Germinal is het 13e deel in de *Rougon-Macquart* cyclus. In deze roman, die in 1885 werd gepubliceerd, beschrijft Zola de strijd van een groep mijnwerkers die gefrustreerd zijn door hun erbarmelijke levenskwaliteit, tegen de achtergrond van de opkomst van het socialisme. Om een zo nauwkeurig mogelijk beeld van een mijnbouwgemeenschap te schetsen, ondernam de schrijver een lange reis naar Anzin (Noord-Frankrijk), waar hij zich enkele maanden in de mijnbouwge-meenschap verdiepte.

Het feit dat tijdens Zola's begrafenis een groep mijnwerkers "Germinal!" riep, spreekt boekdelen over het belang en de impact van deze roman, zowel in sociaal als in strikt literair opzicht.

SAMENVATTING

DEEL EEN

Étienne Lantier, een pas gediplomeerd mecanicien, trekt door Noord-Frankrijk op zoek naar werk. Hij wordt uiteindelijk aangenomen als trammer (een arbeider die kolen vervoert door kleine wagens te duwen) bij de mijnbouwmaatschappij van Montsou, als onderdeel van een team onder leiding van Maheu, de patriarch van een mijnbouwfamilie. Het team bestaat ook uit Chaval, Maheu's zoon Zacharie, zijn buurman Levaque en diens dochter Catherine. Lantier wordt uiteindelijk verliefd op Catherine, die ook trammer is en hem helpt zich in de mijngemeenschap te vestigen. Étienne ontdekt al snel dat de wereld van de mijnwerkers wordt bepaald door erbarmelijke werkomstandigheden en uitputtend werk, waarvoor hun enige beloning een karig loon is dat vaak nog verder wordt verlaagd door boetes die door de opzichters worden opgelegd. Na zijn eerste dag is hij uitgeput en vindt hij onderdak bij een voormalige mijnwerker, Rasseneur, die nu een café heeft.

DEEL TWEE

De Montsou-mijn is eigendom van de Grégoires, een burgerlijke familie bestaande uit een echtpaar en hun verwende dochter Cécile. Ondanks de industriële crisis is de winst van de Grégoires stabiel gebleven. Monsieur Grégoires neef Deneulin, die eigenaar is van een andere mijn, komt op een middag op bezoek.

Ondertussen heeft La Maheude, de vrouw van Maheu, zich erbij neergelegd dat ze om geld moet gaan bedelen, omdat ze niet meer genoeg heeft om het tot het einde van de maand uit te houden. Ze wordt afgewezen, maar kan toch aan wat eten komen door naar Maigrat te gaan, een zwaarlijvige, wellustige winkelier die fantaseert over het slapen met Catherine. Na wat geroddel met haar buren gaat La Maheude terug naar huis om het eten voor te bereiden en het water voor het bad van haar familieleden te halen. Bij terugkomst eten ze, wassen zich en gaan weer uit voor de nacht.

Tegelijkertijd loopt Étienne door de graanvelden, waar vaak ongeoorloofde seksuele ontmoetingen plaatsvinden. Hij kijkt hulpeloos toe hoe Catherine wordt verkracht door Chaval en zweert wraak in een vlaag van jaloerse woede.

DEEL DRIE

Na verloop van tijd past Étienne zich zo goed aan zijn werk als mijnwerker aan dat hij wordt beschouwd als de beste arbeider in de mijn, en hij slaagt er zelfs in zich te verzoenen met Catherine, hoewel hij haar relatie met Chaval kwalijk neemt.

Hij ontmoet zijn buurman, een andere huurder van Rasseneur: een Russische monteur genaamd Souvarine, die anarchist is en voorstander van totale vernietiging. Étienne praat uitgebreid met hem over de socialistische plannen die hij wil opzetten om de arbeiders te helpen.

Na het mijnwerkersfeest, bekend als de Ducasse, trouwt Zacharie en verlaat de Maheus, en La Maheude neemt Étienne in huis als huurder om het tekort aan inkomsten aan te vullen. Ondertussen winnen de socialistische idealen van Étienne steeds meer terrein, wat leidt tot de oprichting van een noodfonds en een vereniging.

Later gaan Maheu en Lantier hun salaris ophalen, dat schokkend laag blijkt te zijn omdat hen meerdere boetes zijn opgelegd. Er ontstaan plannen voor een staking, aangewakkerd door nieuwe geldbesparende maatregelen van het bedrijf. Kort daarna stort een deel van een tunnel in de mijn in en raakt één van Maheu's zonen, Jeanlin, ernstig gewond. Catherine kondigt dan aan dat zij en Chaval gaan verhuizen en in een andere mijn gaan werken.

DEEL VIER

De staking begint veertien dagen later. Een delegatie bestaande uit Étienne, Maheu en Levaque wordt naar Hennebeau, de bedrijfsleider, gestuurd terwijl deze midden in zijn diner zit. Ze proberen tevergeefs te onderhandelen over een terugkeer naar hun oude werkomstandigheden. Beetje bij beetje breidt de staking zich uit naar de andere mijnen, en het noodfonds is niet langer toereikend.

Étienne nodigt Pluchart, een vertegenwoordiger van de Franse afdeling van de Internationale, uit voor een bezoek om de mijnwerkers over te halen zich *massaal* bij de staking aan te sluiten. De bijeenkomst wordt echter afgebroken als de politie arriveert. Na een nieuwe mislukte poging om met Hennebeau te onderhandelen, verliest de bevolking het vertrouwen in de staking. Étienne slaagt er echter in de staking weer op gang te brengen met een geheime bijeenkomst in het bos, waar ze van plan zijn de staking de volgende dag uit te breiden naar de mijn van Jean-Bart.

DEEL VIJF

Chaval, die bij Jean-Bart werkt, moedigt zijn collega's aan om te gaan staken. Een ontmoeting met zijn baas, Deneulin, overtuigt hem echter om terug te keren naar de mijnen. Terwijl de arbeiders in de mijn zijn, arriveert Étienne's bende volgelingen en snijdt de liftkabels door, en de mijnwerkers, die gedwongen zijn de noodladders te gebruiken om te ontsnappen, rest niets anders dan zich bij de beweging aan te sluiten.

Ondanks het verzet van Deneulin wordt de put van Jean-Bart vernietigd. Étienne, die dronken is, verliest de controle over zijn troepen, die zich verspreiden om alle omliggende mijnen te vernietigen. Onderweg grijpen ze een koets waarin Cécile zit. Deneulin weet haar op het nippertje te redden, maar Maigrat wordt gedood wanneer zijn winkel wordt geplunderd. De menigte wordt uiteindelijk uiteengedreven door de komst van de politie.

DEEL ZES

Jeanlin verbergt Étienne in een stilgelegde mijn om te voorkomen dat hij door de politie wordt gearresteerd. De sneeuw begint te vallen, waardoor de stakende mijnwerkers in een nog onhoudbaardere positie terechtkomen. Alzire, één van Maheu's dochters, sterft van honger. Étienne, die in het geheim was vertrokken, ontmoet Chaval in het huis van Rasseneur. Er ontstaat een gevecht tussen de twee mannen, waarbij Étienne als winnaar uit de bus komt.

Om te voorkomen dat de buitenlandse arbeiders die net zijn aangenomen aan het werk gaan, trekken de stakers ten strijde tegen de politieagenten die de mijnschacht bewaken. In het nauw gedreven, opent de politie uiteindelijk het vuur op de mijnwerkers, waarbij Maheu en verscheidene anderen worden gedood.

DEEL ZEVEN

Na deze ramp keren alle mijnwerkers zich tegen Étienne. Hij beseft dat de staking definitief mislukt is en gaat samen met zijn kameraden weer aan het werk. Souvarine saboteert een van de tunnels, die vervolgens instort, waardoor Étienne, Catherine en Chaval vast komen te zitten.

Buiten de mijn begint een ongeorganiseerde reddingspoging, en de situatie wordt nog kritieker wanneer Zacharie een methaanexplosie veroorzaakt. In de mijn raken Lantier en Chaval opnieuw slaags en deze keer wordt Chaval gedood. Omdat niets haar nog tegenhoudt, geeft Catherine de genegenheid van Étienne terug.

Kort daarna wordt Étienne gered. Hij verlaat de mijn naar Parijs, maar niet voordat degenen onder zijn collega's die erkennen hoeveel hij voor hen heeft gedaan, naar voren komen om hem de hand te schudden.

KARAKTERSTUDIE

Aangezien de roman gaat over een botsing tussen arbeiders en de bourgeoisie, lijkt het niet meer dan gepast om de hoofdpersonen vanuit deze invalshoek te analyseren.

DE ARBEIDERS

Ze hebben allemaal één ding gemeen: ze ondergaan allemaal een radicale verandering van houding.

Étienne Lantier

Étienne Lantier is de hoofdpersoon van de roman. Hij is de vriend van Maheu, de vrijer van Catherine en de gezworen vijand van Chaval.

Aan het begin van de roman wordt Étienne Lantier voorgesteld als een melancholische jongeman wiens toekomstperspectieven somber zijn nadat hij is ontslagen wegens agressief gedrag in dronken toestand. Hoewel hij weinig verwachtingen heeft van zijn eigen toekomst, wil hij een nieuwe start maken, dus wanneer hem een baan als trammer wordt aangeboden, neemt hij die aan.

Hoewel hij vroeger nooit aandacht schonk aan de arbeidersklasse, leidt het voortdurende contact met hen tot een grote verandering in de zienswijze van Étienne. Hij werpt zich geleidelijk op als leider van een zaak die hem na aan het hart ligt: de mijnwerkers helpen aan betere arbeidsomstandigheden.

Zijn obsessie voor dit doel leidt er echter toe dat hij arrogant en egoïstisch wordt, wat de overwinning voor de mijnwerkers uiteindelijk onmogelijk maakt. Nadat hij er niet in geslaagd is zijn visie te verwezenlijken, toont hij zich een lafaard door zijn onwil om de verantwoordelijkheid voor zijn daden te aanvaarden. Hij blijft met niets achter na de door Souvarine veroorzaakte instorting van de tunnel, en daarom besluit hij terug te keren naar Parijs.

Maheu

Maheu is een gewetensvolle arbeider die door iedereen geliefd is. Hij staat aan het hoofd van een groot gezin dat hij door zijn harde werk probeert te onderhouden. Ondanks de moeilijkheidsgraad van zijn werk wordt hij beschouwd als een eerlijk en vreedzaam man, totdat het gesprek van Étienne over een staking een belangrijke verandering in zijn houding teweegbrengt. Hij wordt de rechterhand van Étienne, waardoor hij gewelddadig gaat optreden en niet aarzelt elk offer te brengen dat nodig is om de staking tot een goed einde te brengen.

Wanneer hij wordt ontslagen vanwege de mislukte staking, verandert zijn persoonlijkheid drastisch: hoewel hij aanvankelijk een fatsoenlijke man was, wordt hij steeds wreder, wat leidt tot zijn dood tijdens de confrontatie met de politie. Hij wordt samen met enkele andere arbeiders doodgeschoten.

Catherine Maheu

Catherine is de dochter van Maheu en is een vriendelijke, intelligente jonge vrouw – in feite is zij het enige geletterde lid van haar familie. Ze is zeer volwassen voor haar leeftijd. Ze is heimelijk verliefd op Étienne, maar haar leven staat op zijn kop op de dag dat Chaval haar verkracht en haar opeist als zijn geliefde. Hoewel ze nog steeds verliefd is op Lantier, wordt ze vanaf dat moment volledig gedomineerd door Chaval, en wordt ze pas echt zichzelf als hij door Étienne wordt vermoord. Dan kan ze eindelijk een hartstochtelijke ontmoeting hebben met haar geliefde, maar ze sterft voordat ze gered kan worden.

Chaval

Hoewel hij aanvankelijk wordt afgeschilderd als een loyale, fatsoenlijke persoon, is Chaval gewelddadig en agressief van aard. Hij ontwikkelt een brandende haat tegen Étienne, omdat hij hem beschouwt als een rivaal voor de liefde van Catherine. Zijn woede drijft hem tot de ergste vormen van verdorvenheid en dooft alleen door zijn dood: hij is wreed (hij valt Étienne meerdere malen aan in een poging hem te doden en slaat Catherine regelmatig uit jaloezie), corrupt (hij stopt de staking bij Jean-Bart in ruil voor een promotie) en zelfs verraderlijk (hij waarschuwt de politie in de hoop dat Étienne wordt gearresteerd en hij werkt graag mee met de buitenlandse arbeiders in de mijn).

Chaval sterft in de mijn: na het instorten van de tunnel en de methaanexplosie zit hij vast met Catherine en Lantier. Hij en Étienne vechten, en Chaval bezwijkt spoedig daarna aan zijn verwondingen.

DE BOURGEOISIE

Zola verdeelt de bourgeoisie in drie categorieën.

De gegoede burgerij: de Grégoires

De Grégoires, die eigenaar zijn van het bedrijf, behoren tot de gegoede burgerij en houden zich niet bezig met zaken die hen niet rechtstreeks aangaan. Zolang de mijn voor hen een mooie winst oplevert, trekken zij zich niets aan van wat er daar gebeurt en genieten zij gewoon van hun rijkdom. Ze zijn bang voor de arbeiders, die ze beschouwen als een vervelend, inferieur ras.

De kleine bourgeoisie: de Hennebeaus

De Hennebeaus werken voor de Grégoires als opzichters van de mijn. Door hun hoge loon kunnen zij de levensstijl van de kleinburgerij delen en zich in dezelfde kringen bewegen. Hoewel ze dichter bij de arbeidersklasse staan dan de Grégoires, houden ze er toch afstand van.

De worstelende bourgeoisie: Deneulin

Deneulin is een neef van de Grégoires, en vertegenwoordigt de bourgeoisie die in zwaar weer terecht is gekomen: vroeger was hij rijk, maar nu balanceert zijn bedrijf op de rand van de afgrond. Hij vecht voortdurend om zijn bedrijf overeind te houden ondanks de industriële crisis, en heeft de nauwste band met de arbeiders: hij aarzelt niet om alles te doen wat nodig is om zijn bedrijf en zijn werknemers te beschermen.

ANALYSE

EEN NATURALISTISCHE ROMAN

Émile Zola was de leidende figuur van het naturalisme, een literaire stroming die aan het eind van de 19e eeuw opkwam als uitbreiding van het realisme. Het verschilt van het realisme in die zin dat de schrijver een bijna wetenschappelijke methode gebruikte om onderzoek te doen (bezoeken aan de omgeving, enz.) voordat hij begon te schrijven, en dat de werken zelf werden ondersteund door nauwkeurige, uitgebreide documentatie. Zo werd de wetenschap een instrument voor de literatuur, die op haar beurt het toneel werd voor onderzoek naar de werking van de maatschappij, tot in de meest intieme, smerige details. In zijn ambitieuze literaire cyclus *Rougon-Macquart maakte* Zola het zijn missie om uit te leggen hoe erfelijkheid en iemands politieke, sociale en economische omgeving meerdere generaties individuen kunnen beïnvloeden. Zola maakte al snel deel uit van een kring van andere schrijvers die zijn overtuigingen deelden (Maupassant, Huysmans, Vallès, enz.) en die elkaar bij hem thuis in Médan ontmoetten. De groep begon te bloeien rond 1860, maar overleefde nauwelijks 30 jaar: in 1893 voltooide Zola zijn Rougon-Macquart-cyclus met de publicatie van het laatste deel, en sommige leden van de groep stierven rond dezelfde tijd.

De bepalende kenmerken van het naturalisme waren als volgt:

- **Gedocumenteerd onderzoek.** Alvorens hun romans te schrijven, deden de naturalisten langdurig onderzoek naar de door hen gekozen omgeving en verzamelden zij zoveel mogelijk informatie over de omgeving waarin hun personages zouden leven en evolueren. Om *Germinal te* schrijven bezocht Zola mijnen, leerde hij over de leefomstandigheden van de arbeiders en de relevante technische terminologie en interesseerde hij zich voor de stakingen die net waren uitgebroken in het steenkoolbekken van Anzin. Zo kon hij de (fictieve) Montsou-mijn en haar arbeiders treffend in beeld brengen. Zola hoopte dat *Germinal door* dit levendige detail een kanaal zou worden om de aandacht van het publiek te vestigen op een situatie die in die tijd vaak over het hoofd werd gezien of geheel onbekend was.

- **Het belang van determinisme.** De personages, hun persoonlijkheid en hun daden zijn afhankelijk van hun voorouders en van de omgeving waarin zij leven. Zola's personages erven morele en gedragskenmerken van hun ouders die als verklaring dienen voor hun daden en, in veel gevallen, voor hun ontaarding. Étienne is de zoon van Gervaise Macquart, de hoofdpersoon van de roman *L'Assommoir* (1876), en haar minnaar Auguste Lantier, en deze twee bloedverwanten beïnvloeden zijn persoonlijkheid sterk: hij erft het alcoholisme dat in de Macquart-lijn voorkomt, en is net als zijn vader geneigd tot geweld wanneer hij onder invloed daarvan staat.

- **Het belang van beschrijvingen.** Aangezien beschrijvingen essentieel zijn om de personages en hun omgeving vorm te geven, zijn ze uitzonderlijk gedetailleerd, zodat alle aspecten van de werkelijkheid die de auteur wil overbrengen volledig tot hun recht komen. In *Germinal zijn* deze beschrijvingen gericht op de moeilijkheden van het leven en werken in de mijnen, met als overkoepelend doel een zo volledig mogelijk beeld te geven van de sociaal-culturele omgeving die de personages vormt. Daartoe vermeldt Zola bijvoorbeeld ook de geschiedenis van de kolenmijnen in Noord-Frankrijk.

- **Het gebruik van technische terminologie.** In een omgeving als de Montsou-mijnen zou het voor de auteur heel moeilijk zijn geweest om niet alle technische terminologie van de mijnbouw of de taal van de arbeiders te gebruiken. Daarom heeft hij tijdens zijn verblijf in Anzin alle informatie verzameld die hij nodig had om de roman te schrijven.

- **Externe focalisatie en vrije indirecte redevoering.** Deze twee technieken distantiëren de verteller van de personages. Door externe focalisatie lijkt het alsof de verteller totaal onverschillig staat tegenover de gebeurtenissen in het verhaal, wat zorgt voor objectiviteit. De vrije indirecte rede geeft daarentegen de indruk dat de personages zelf nadenken en hun eigen conclusies trekken over hun omstandigheden en wat hen overkomt, waardoor het lijkt alsof zij de echte stem van de roman zijn. *Germinal* opent met een beschrijving van Étienne die door het platteland naar Montsou loopt, en gebruikt een extern gezichtspunt, zodat de personages zich ook extern uitdrukken.

Het naturalisme is niet zonder critici, en als leider van de beweging was Zola geen uitzondering. Hij werd vooral bekritiseerd vanwege de donkere toon die hij aansloeg, zijn vulgariteit en het gebrek aan psychologische diepgang van zijn personages. Daarbij wordt echter geen rekening gehouden met het feit dat de auteur zich vooral bezighield met fysiologische reacties en met de dubbele invloed van erfelijkheid en de omgeving waarin de personages leven. Zijn personages zijn zo sterk getekend door ongewenste persoonlijkheidskenmerken en ongeluk, dat hun ondergang vaak onvermijdelijk is. Ze worden slechts gebruikt als voorwendsel om te experimenteren met de werkelijkheid, en hun voornaamste functie is dan ook te dienen als praktische illustratie van de fysiologische theorieën die Zola hanteerde. Toch beschouwen zijn critici Zola's werk vaak als overdreven immoreel en bevolkt met personages zonder echte diepgang.

LES ROUGON-MACQUART

Zoals hij verklaart in het voorwoord van *Het geluk van de Rougons*, het eerste deel van de Rougon-Macquart-cyclus, wilde Zola met elke roman een van de sociale milieus van zijn tijd onderzoeken. In het geval van *Germinal richt* hij zich op de arbeiders, en in het bijzonder op de mijnwerkersgemeenschap, die in een strijd verwikkeld is met de bourgeoisie.

Hij wil ook aantonen dat de personages bepaald worden door twee factoren:

- **Erfelijkheid**. In het werk van Zola erft de hoofdpersoon altijd een ondeugd van zijn ouders, een gebrek dat rechtvaardigt waarom hij in bepaalde situaties op een bepaalde manier handelt. Zo erft Étienne Lantier het alcoholisme van zijn moeder en de gewelddadigheid van zijn vader. Opgemerkt zij dat hij meestal dronken is in de zeldzame gevallen dat hij er niet in slaagt zijn gewelddadige impulsen in toom te houden: hij had gedronken toen hij zijn baas sloeg, wat vervolgens leidde tot zijn ontslag; de meeste van zijn woordenwisselingen met Chaval gebeuren onder

invloed van alcohol; hij is dronken wanneer hij zijn volgelingen leidt om de andere kuilen te vernielen, enz.

- **Omgeving**. De ontwikkeling van elk personage wordt ook
beïnvloed door zijn omgeving. Étienne had al met mijnwerkers te maken gehad voordat hij bij de compagnie kwam,
maar hij was nooit in hen geïnteresseerd. Maar nadat hij hen
heeft leren kennen, verandert zijn mening drastisch en
wordt hij vanuit de socialistische ideologie een fervente
voorvechter van hun rechten. Vanaf zijn eerste dag in
Montsou ziet hij hoe de mijnwerkers zich neerleggen bij hun
omstandigheden en ontdekt hij de mogelijkheden van het
socialisme dankzij zijn vroegere opzichter, die hem politieke
en financiële correspondentie stuurt. Vervolgens begint hij
de andere mijnwerkers voor zijn zaak te winnen.

EEN ROMAN VAN ZIJN TIJD

Het mijnleven in het midden van de 19e eeuw

Mijnwerkers leefden in het midden van de 19e eeuw in erbarmelijke omstandigheden. Door de suprematie van de bourgeoisie hadden ze geen rechten, geen rechtsmiddelen en
moesten ze vaak in een straf tempo werken terwijl ze over-
leefden van magere salarissen die vaak nog verder werden
gekort door hun werkgevers.

Bovendien had de arbeidersklasse weinig vooruitzichten. Bij
indiensttneming moesten arbeiders hun werkgever hun
"arbeidsboekje" geven, dat bestond uit hun CV en een licha-
melijke beschrijving. Zonder dat boekje konden ze niet van
baan veranderen.

Ten slotte waren de levensomstandigheden voor de arbeidersklasse zeer instabiel:

- gezinnen leefden vaak samengeperst in één kamer;

- een veelvuldig gebrek aan voedsel en hygiëne leidde vaak tot ziekte en dood;

- Door de lange werktijden konden zij hun kinderen geen onderwijs geven, waardoor zowel ouders als kinderen vaak analfabeet waren;

- Hun moeilijke werkomstandigheden leidden vaak tot alcoholisme, waardoor het toch al karige loon van veel arbeiders snel werd uitgeput.

De opkomst van het socialisme en de Internationale

Veel denkers probeerden een oplossing te vinden voor de ellendige situatie van de arbeidersklasse, en uit hun theorieën werd het socialisme geboren. Een van deze theorieën in het bijzonder sprong eruit: het *Communistisch Manifest* (1848) van Karl Marx (socialistisch theoreticus, 1818-1883).

 ## HET COMMUNISTISCH MANIFEST

Dit politieke manifest werd geschreven door Karl Marx en Friedrich Engels (socialistisch theoreticus, 1820-1895) in opdracht van de Liga van de Rechtvaardigen, een groep Duitse socialisten die in Frankrijk in ballingschap leefden. Het doel was het analyseren van de hedendaagse maatschappij en de manieren waarop het kapitalisme daarin was opgenomen, met als conclusie dat het proletariaat het kapitalisme moet bestrijden door middel van een klassenstrijd. Het doel is een communistische maatschappij te creëren waarin de bourgeoisie niet zou kunnen overleven.

De tekst werd in februari 1848 gepubliceerd in de vorm van een politiek manifest, ook al bestond er toen nog geen gelijkwaardige politieke partij (de Liga van Rechtvaardigen werd de Communistische Liga terwijl het *Manifest werd* geschreven).

Het is verdeeld in vier delen:

Het conflict tussen de bourgeoisie en het proletariaat. De geschiedenis is niets anders dan een aaneenschakeling van klassenstrijd, en sociale klassen bestaan nog steeds. De bourgeoisie controleert de wereldmarkt en beperkt de toegang tot hulpbronnen tot een geprivilegieerd groepje. Het proletariaat moet daarom in opstand komen tegen dit systeem om een gelijk deel van deze middelen op te eisen.

Communisme. Marx geeft een definitie van het communisme en gebruikt die om de legitimiteit aan te tonen van de standpunten van de beweging over verschillende belangrijke kwesties, zoals vrijheid, privé-eigendom, kinderarbeid, onderwijs, enz.

Socialisme. Dit deel geeft een overzicht van de verschillende hedendaagse socialistische doctrines en wijst op hun tekortkomingen.

De positie van de communisten ten opzichte van andere partijen. Het laatste deel brengt de aandacht terug naar de communistische standpunten en onderzoekt de onmiddellijke vooruitzichten van de beweging.

Tegenwoordig is het *Communistisch Manifest* wereldberoemd en heeft het bijgedragen aan de ontwikkeling van het socialisme en communisme wereldwijd sinds de 19e eeuw. Het werd in 2013 toegevoegd aan het UNESCO-register van "Memory of the World".

Het *Communistisch Manifest* hoopte de arbeidersklassen bewust te maken van de macht die zij bezaten en hen te verenigen om de heersende kapitalistische maatschappij omver te werpen en te vervangen door een voor hen gunstigere maatschappij, waarin alles gelijkelijk zou worden verdeeld.

Om de arbeiders die zijn zaak steunen bijeen te brengen, richtte Marx de Internationale Arbeidersvereniging op, ook bekend als de Internationale, waarnaar in *Germinal* wordt verwezen.

Een eerlijke weergave van beide kanten

De auteur gebruikt Maheu's grote familie om enkele van de grote problemen van de mijnwerkers te belichten:

- Het karakter van Maheu zelf wordt gebruikt om te illustreren hoe arbeiders werden uitgebuit, aangezien hij ondanks al zijn inspanningen niet genoeg geld kan verdienen om zijn gezin te voeden.

- La Maheude symboliseert het leven buiten de mijn en de dagelijkse moeilijkheden van het leven in armoede (eindeloos gekibbel met de kruidenier, de onmogelijkheid om schulden af te betalen, voortdurende angst voor wat de volgende dag zal brengen, enz.)

- Zacherie en Catherine illustreren de problemen die worden veroorzaakt door huwelijken tussen mijnwerkers en de verwoestende gevolgen die deze huwelijken hebben voor de gezinsfinanciën.

- Alvire, Lénore en Henri stellen de schrijver in staat de instabiele omstandigheden waarin jonge kinderen opgroeien te belichten. Ze worden zelden geliefd en verwend door hun ouders, die hen slechts zien als extra monden om te voeden en met spanning wachten op de dag dat ze oud genoeg zijn om te gaan werken en het huishouden van meer inkomsten te voorzien.

- Ten slotte geven de overvallen en diefstallen die Jeanlin pleegt nadat hij klaar is met werken, Zola de kans om de nadruk te leggen op de schadelijke gevolgen van een gebrek aan onderwijs, dat als relatief onbelangrijk werd gezien wanneer gezinnen geld tekort kwamen.

Hoewel hij zich richt op de onzekere levensomstandigheden van de arbeiders, verzuimt Zola niet de moeilijkheden van de bourgeoisie in beeld te brengen:

- Na de dood van hun dochter Cécile, die door Bonnemort (de vader van Maheu) wordt gewurgd, vervallen de Grégoires in wanhoop en verdwijnt alle aantrekkingskracht die hun levensstijl ooit op hen uitoefende. Dit kan gezien worden als de wraak van de arbeiders op hun uitbuiters.

- Monsieur Hennebeau leeft alleen voor zijn werk en zijn persoonlijke leven geeft hem geen voldoening meer. Hij en zijn vrouw bedriegen elkaar al tien jaar, en hij benijdt de arbeiders en de manier waarop zij ongeremd kunnen liefhebben.

- Door de staking moet Deneulin zijn put terug verkopen aan het bedrijf. Hoewel hij nog steeds een positie heeft als adviseur, verliest hij zijn doel in het leven en zijn trots.

DE HOOFDTHEMA'S VAN GERMINAL

Liefde

Liefde is een van de centrale verhaallijnen van de roman. Ze verschijnt in vier vormen:

- **Liefde binnen het huwelijk**. Dit wordt vooral getoond door Maheu en zijn vrouw.

- **Overspel**. Dit is een praktijk die gewoonlijk wordt veroordeeld, maar die alle mijnwerkers impliciet aanvaarden (Levaque, La Pierronne).

- **Seksueel genot**. Gedurende de hele roman benadrukt Zola de totale vrijheid die de arbeiders genieten, in die zin dat ze vrij zijn om te slapen met wie ze maar willen. Deze houding wordt belichaamd door La Mouquette.

- **De driehoeksverhouding**. Na de staking is de strijd tussen Étienne en Chaval om het hart van Catherine de belangrijkste drijfveer in de roman. Zola gebruikt deze strijd om te laten zien hoe ver deze twee personages bereid zijn te gaan om hun doel te bereiken.

Geweld

Geweld wordt zowel in theorie als in de praktijk afgebeeld:

- Op het concept van geweld wordt gezinspeeld door de verzamelde mijnwerkers wanneer zij spreken over hun hoop op een staking ("Blow it all away", p. 144), en het wordt het sterkst opgeroepen door Souverine's anarchistische overtuigingen, die totale vernietiging voorstaan.

- Fysiek (vernielingen, confrontaties met de politie) en verbaal (ruzies) geweld komt voort uit de onmogelijkheid om een akkoord te bereiken met de bourgeoisie. Het hangt samen met de staking en is de belangrijkste reden voor het mislukken ervan, waarbij de razernij afneemt zodra de staking definitief is beëindigd.

Solidariteit en vriendschap

Ondanks hun ellende en hun moeilijke omstandigheden geven de mijnwerkers blijk van een enorme solidariteit met elkaar. Dit is het duidelijkst tijdens de Ducasse en wanneer de tunnels instorten, wanneer alle mijnwerkers hun eigen leven riskeren om hun vrienden in gevaar te helpen.

Ook intiemere vormen van vriendschap worden in beeld gebracht, zoals de innige band tussen Étienne en Maheu en Souvarines poging om Étienne ervan te weerhouden de door hem gesaboteerde mijnschacht in te gaan.

Dood

De dood slaat meermaals toe in de roman, zonder onderscheid tussen de klassen. De mijnwerkers lijden bijzonder zware verliezen: sommigen komen om bij tunnelinsluitingen of methaanexplosies (zoals Chaval en Catherine, maar ook Zacharie, die het incident zelf heeft veroorzaakt), anderen, zoals Maheu, sterven bij woordenwisselingen, en weer anderen sterven door hun levensomstandigheden, zoals de kleine Alzire Maheu, die bezwijkt aan de honger.

Niemand blijft echter onberoerd door de dood, die uiteindelijk iedereen overkomt, ongeacht leeftijd of sociale klasse. De kruidenier wordt gedood tijdens de arbeidersopstand, maar vooral de dood van Cécile Grégoire is opmerkelijk. Zij wordt zonder waarschuwing vermoord door Bonnemort vanwege haar status als lid van de bourgeoisie. In deze roman is zij het enige lid van die klasse dat sterft, en bovendien sterft zij door toedoen van een lid van de arbeidersklasse, haar ouders totaal ontreddered achterlatend. Haar dood symboliseert de dood van de luie, zorgeloze bourgeoisie.

EEN TITEL DIE HOOP VERKONDIGT

Hoewel het beeld dat Zola schetst van de mijnbouwgemeenschap bijzonder somber is, neemt dit niet weg dat de auteur een uiteindelijk hoopvolle boodschap heeft willen overbrengen, wat duidelijk blijkt uit de titel. Germinal is een verwijzing naar een lentemaand, een seizoen dat in de Franse republikeinse kalender traditioneel wordt geassocieerd met vernieuwing.

DE FRANSE REPUBLIKEINSE KALENDER

Na de Franse Revolutie van 1789 kondigde de nieuw uitgeroepen Republiek aan dat zij zou breken met alle symbolen en tradities die waren overgeleverd uit het Ancien Régime (1515-1789). Zo werd een nieuwe kalender ingevoerd die elke maand een nieuwe naam gaf en de zevendaagse weken verving door tiendaagse weken. Zo eindigden de nieuwe namen van de zomermaanden allemaal op -idor: Messidor, het oogstseizoen, begon op 19 juni en eindigde op 18 juli. De republikeinse kalender werd gebruikt tussen 1792 en 1806.

Zoals Zola in de slotpagina's van het boek benadrukt, heeft Étienne met zijn optreden de kiem gelegd voor verandering onder de arbeiders, en die kiem zal niet lang op zich laten wachten. Wanneer de held aan het eind van de roman in Parijs aankomt, houdt hij nog steeds vast aan zijn socialistische idealen en hoopt hij nog steeds de arbeidersklasse te kunnen helpen. De overlevenden onder zijn voormalige medewerkers, die nog steeds in de mijn zijn, zijn onuitwisbaar getroffen door de gebeurtenissen die zij hebben meegemaakt en zijn vast van plan om voor zichzelf betere leef- en werkomstandigheden te creëren. Een beter leven voor de arbeidersklasse ligt net achter de horizon.

VERDERE REFLECTIE

ENKELE VRAGEN OM OVER NA TE DENKEN...

- De plot van de roman draait om een diepgeworteld conflict. Wat is de aard van dit conflict? Leg je antwoord uit.

- Ontwikkelen de karakters van Lantier en Maheu zich in de loop van de roman?

- Waarom zou men kunnen zeggen dat deze roman echt een roman van zijn tijd is?

- Gebruik *Germinal* om Zola's naturalistische methode uit te leggen.

- Wat is de drijvende kracht achter het verhaal?

- Wat zijn de waarden die Lantier en de andere arbeiders voorstaan?

- *Germinal* is het verhaal van een ramp. Verklaar deze uitspraak.

- Is *Germinal* volgens jou een optimistische of pessimistische roman? Motiveer je antwoord.

- Ken je andere romans waarin de arbeidersklasse centraal staat? Vergelijk ze met *Germinal*.

- Zola's doel is om de mensheid beter te begrijpen. Wat heb je geleerd over de mensheid door deze roman?

VERDER LEZEN

REFERENTIE-UITGAVE

Zola, É. (1998) *Germinal*. Trans. Collier, P. Oxford: Oxford University Press.

REFERENTIESTUDIES

Encyclopaedia Britannica. (Geen datum) *Het Communistisch Manifest*. [Online]. [Accessed 30 August 2017]. Beschikbaar via: < https://www.britannica.com/topic/The-Communist-Manifesto>

Nelson, B. (2007) *The Cambridge Companion to Zola*. Cambridge: Cambridge University Press.

Schom, A. (1987) *Emile Zola: Een biografie*. Londen: Queen Anne Press.

AANPASSINGEN

Germinal. (1913) [Film]. Albert Capellani. Dir. Frankrijk: Pathé Frères.

Germinal. (1963) [Film]. Yves Allégret. Dir. Frankrijk/Italië/Hongarije: Marceau.

Germinal. (1993) [Film]. Claude Berri. Dir. Frankrijk/België: Renn Productions.

*We horen graag van jou! Laat
een reactie achter op jouw online bibliotheek
en deel je favoriete boeken op social media!*

De uitgever garandeert de betrouwbaarheid van de gepubliceerde informatie, die echter niet onder zijn verantwoordelijkheid valt.

www.50minutes.com

Master ISBN: 9782808688130
Papier ISBN: 9782808699532
Wettelijk depot: D/2023/12603/1233

Omslag: © Primento

Digitaal ontwerp: Primento, de digitale partner van uitgevers.